Autor
Sebastian Gottschall

So lange er lebte

Texte meines besten Freundes

Herausgeber
Jens Böhme

Bibliografische Information
der Deutschen Nationalbibliothek:
Die Deutsche Nationalbibliothek verzeichnet
diese Publikation in der Deutschen
Nationalbibliografie; detaillierte bibliografische
Daten sind im Internet über http://dnb.dnb.de
abrufbar.

Impressum
© 2017 Jens Böhme
2. Auflage
Herstellung und Verlag:
BoD – Books on Demand, Norderstedt

ISBN: 978-3-74489-393-0

Vorwort zu diesem Buch

Dies sind die Texte meines ältesten besten Freundes Sebastian Gottschall, der am 25. August 2016 an Krebs verstorben ist. Ich habe Sebastian mit 11 Jahren, im Sommer 1988, auf der obersten Sprosse eines Klettergerüstes auf dem Kinderspielplatzes an der Gabelstraße in Meißen kennengelernt. Da existierte noch DDR. Diesen Spielplatz gibt es mittlerweile nicht mehr. Stattdessen befindet sich schon seit einigen Jahren genau an dieser Stelle eine Rasenfläche mit einem gepflasterten kleinen Gehweg, der hinführt zu einer Bank. Diese Bank steht unter einem einzigen Baum. Hier kann jeder verweilen, wenn ihm danach ist. Ich habe da auch schon gesessen.

Damit die Texte meines besten Freundes nicht verschwinden wie dieser Spielplatz, - zu dem er mit mir symbolträchtig gehen wollte, um mir persönlich zu sagen, dass er sterben wird, möchte ich dieses Buch mit seinen Texten als Herausgeber publizieren und der Öffentlichkeit zugängig machen. Als Abschied und als Erinnerung, für mich, für Freunde, für lyrische Interessenten.

Die Literatur, das Texten, das kreative Dichten, schlichtweg das Kreativsein in den unterschiedlichsten Sparten, auch in Film und Ton, war seit jeher unsere Stärke und Gemeinsamkeit. Mit diesen Medien haben wir viel Zeit in unserer Jugend verbracht; und auch später, als wir uns an unterschiedlichsten Orten wiedergesehen haben. Wir haben sogar Anfang der 90er Jahre zusammen den „Club geheimer Druidengeister" gegründet, aus dem letztlich eine kleine-geheime Verbindung, der Club NEOKORTEX, entstanden ist. Als Kinder und als jugendliche „Stürmer und Dränger" haben wir immer davon geträumt, einen geheimen, aber großen Club zu gründen, der geistig etwas bewegt und an dessen oberster Stelle wir stehen. Dass dies zueinander im Widerspruch steht, war uns mehr oder weniger klar. Letztlich waren und sind wir die einzigen beiden Vollmitglieder geblieben und haben mal im Scherz, aber auch mal ernsthaft diesen Club bedient. Wir haben in seinem Namen so manche Flaschenpost mit unseren Gedichten in die Elbe geworfen und haben ihn auch ab und an erwähnt oder auf ihn getrunken. Letzteres mit Herz und Verstand, mit großem Stolz und im Geiste der Freundschaft!

Im Laufe der Jahre gab es nur ein Gastmitglied. Diesem Gastmitglied ist es auch zu verdanken, dass viele seiner Texte während

Sebastians Ausbildungszeit entstanden sind. Diese Texte, zusammen mit den restlichen aus den späten 90er Jahren, den späten 2000er sowie den 2010er Texten und Text-Fragmenten, bekam ich persönlich von meinem besten Freund in einem Schuhkarton überreicht. „Die Gedichte, Jens", sagte er und kramte dabei in den Zetteln und hielt mir auch ein schwarzes Moleskine-Notizbuch unter die Nase, „sollst du mal bekommen, wenn ich nicht mehr bin." Natürlich fühlte ich mich geehrt und war mir, ehrlich gesagt, der Dramatik, die diesem Augenblick innewohnte, nicht ganz bewusst, aber was soll man in so einer Situation schon sagen? - Danke? „Okay", war alles, was ich damals herausbrachte. Und so ist es sicherlich auch „okay", wenn ich entscheide, was mit diesen Texten passiert. Nach seinem Tod habe ich diesen Schuhkarton von seiner Frau überreicht bekommen.

Viele von Sebastians Schriften sind in seiner Jugend entstanden, wie ich aus der Sichtung aller kreuz und quer liegenden Zettel in diesem Schuhkarton sowie des schwarzen Notizbuches, der wenigen notierten Datumsangaben und der Interpretation des Inhalts der Texte entnehmen konnte. So sind seine jungen Gedichte oft düster zu lesen und von apokalyptischer Natur; oft mit einem Hauch Todessehnsucht. Typisch Teenager, würde ich da sagen. Es gibt aber auch einige lustige Texte mit typisch jugendlichem Slang und später erwachsenen Wortwitz sowie Texte mit reiner Lebenslust, welche er stets besaß. Im Besonderen gibt es hier außerdem zwei Texte, die ich Wechselgedichte nenne. Dies sind Gedichte, die von zwei Personen geschrieben werden. Dabei fängt eine Person eine Reimzeile an und schreibt die nächste bis zur Hälfte auf ein vorliegendes Blatt. Anschließend ergänzt die andere Person die angefangene Zeile, schreibt eine neue Zeile und eine neue halbe Zeile. Dies immer im Wechsel. Leider sind nur zwei dieser Gedichte von uns erhalten geblieben.

Was am Ende im ganzen Konvolut der Texte nicht fehlen darf, sind die Liebesgedichte. Letztlich sind Sebastians Gedichte ein Querschnitt seiner Gedanken, seiner Sehnsüchte, seines Lebens und seiner Experimente mit dem geschriebenen Wort. Eigentlich wollte ich das Zitat aus dem Buch „Märkischer Dichtergarten: Die Ehre hat mich nie gesucht - Lessing in Berlin - Gedichte, Prosa, Briefe" einmal selbst bei einer Veröffentlichung meiner lyrischen Texte und Textfragmente benutzen. Da dies noch nicht geschehen ist, aber ich das Zitat von Gotthold Ephraim Lessing auch für dieses Buch und die Texte von Sebastian überaus passend finde, befindet sich nunmehr nachfolgend auch genau an der richtigen Stelle:

„[…] Ich band mich also lieber an nichts und schrieb sie so auf, wie es mir jedesmal am besten gefiel. Daher kömmt es, daß einige niedrig genug sind, andere aber ein wenig zu poetisch. Daher kömmt es sogar daß ich verschiedene lieber in Prosa habe erzählen wollen als in Versen, zu welchen ich vielleicht damals nicht aufgelegt war […]"[1]

Viel Spaß beim Lesen!
Lieber Sebastian, ich vermisse Dich!

Anmerkung: Da der größte Teil der Texte handschriftlich war und oft ein Bild des Entstehungsprozesses zeigte, quasi als handschriftliches Manuskript, wurden die Texte

---

[1] Märkischer Dichtergarten: Die Ehre hat mich nie gesucht - Lessing in Berlin - Gedichte, Prosa, Briefe, Herausgegeben und mit einem Nachwort von Gerhard Wolf, Fischer Taschenbuch Verlag GmbH, Frankfurt am Main, 1986, S. 8-9.

bei der Transkription wohlwollend im Sinne von Rechtschreibung und Grammatik redigiert bzw. angepasst.

Leben

geboren - mich und meinen Sinn verloren
geschunden - mich an Nichtigkeit gebunden
getreten - vergaß dabei das beten
gelogen - mich selbst dabei betrogen
geschockt - und die Versuchung hat gelockt
zurückgefallen - verachtet von fast allen
gekämpft - meine Hoffnung wurde mir gedämpft
einmal gefreut - die Erinnerung bis heut
ausradiert - und das Zeitrad triumphiert!
Irgendwann kann man es nicht mehr ertragen ...
irgendwann - so bald - ist alles vorbei ...

1995

Kalt

Meine Seele schwebt im Raum verloren.
Gedanken sind ergraut, das Herz erkaltet,
Gefühle nicht erlaubt.
Einsamkeit umgibt mich, die mich zu ersticken
droht.
Der Schrei nach Geborgenheit ertönt,
der von Stille wird umhüllt.
Sehnsüchte bleiben unerfüllt, Phantasie die
verblüht.
Selbstvertrauen, das durch Kummer zerbricht.
Erloschen das warme Licht.
Im Dunkeln kein Licht, kein Blick zurück.
Nichts was Freude macht, verlassen vom Glück.
Der Spiegel der Seele zerbricht, das Innere
zerfällt.
Beendet ist das Wandern auf der Welt.

1995

Freigeist

Ist es der Schmerz, der mich zerstört?
Sind es die Mensch, die ungehört,
meiner Worte weiter leben,
als hätte es mich nie gegeben?

Die Sage meines Lebens wird
von bestimmten Menschen nur gehört.
Wer offen, frei und selbst im Geist
wird wissen wie die Sage heißt.

Man sagt, ich sei ein Mythos - nur,
weil keiner findet eine Spur,
von meinem Tun und meinen Taten,
weil keiner will sein Herz befragen.

Ich bin nicht Gott, der unberührt
Dich beschützt, Dich durch Dein Leben führt.
Ich bin das, was Du verloren,
Dein eigner freier Geist, der ungeboren.

Dein Gewissen wird zur Plage.
Ich zerstöre Deine schönen Tage,
denn Du verachtest meine Existenz
und hörst nicht, was ich sage.

Im schnellen Lauf von Tag zu Tag,
bereitest Du Dir Deinen Sarg.
Die Freiheit hast Du Dir genommen,
bist nur mit der Masse mitgeschwommen.

Eine eigne Meinung hast Du nicht,
nicht mal eine eigene Sicht,
der Dinge, wie sie hier so laufen,
Du lässt Dich von der Masse kaufen.

Ich verstehe Deinen tiefen Trieb,
zu leugnen, dass es mich wirklich gibt,
denn die Menschen schlagen eine große
Schlacht,
gegen Gedanken, die Du Dir selber machst.

Exorzismus, Inquisition, Kreuzzug im Namen des
Herrn,
Rassismus, Faschismus, das Denken liegt fern.
Egal wie es heißt, die Bedeutung ist gleich,
es bedeutet, die Jagd auf den freien Geist.

Es starben seit tausenden von Jahren,
Menschen, die freien Geist und Gedanken sich
bewahren.
Doch das darf Dich dabei nicht bremsen,
gegen diese Ungerechtigkeit zu kämpfen

Benutze Deinen eigenen Geist,
denn wie der Lauf der Zeit beweist,
findet nur der das Glück im Leben,
der bereit, sein Leben für den Geist zu geben.

Ich bin ein großer Teil von Dir,
befreie mich und helfe mir,
die Fesseln Deines Denkens zu zerstören,
auf, das Gedanken wieder Dir gehören.

Ich bin der Geist der Dich befreit,
aus dem Traume und aus Wirklichkeit.
Durch mich wirst Du einmalig, wie es auch sei,
helfe mir und mach mich frei.

1997

Zuviel des Guten?

Die kleine Maus hat Spaß im Haus.
Sie läuft herum und sucht zum Schmaus,
sich ein Stückchen Käse raus.

Nach dem Essen, Frauen necken,
sich verstecken in den Ecken.
Die Weiber schreien ums Verrecken.

Lauthals rufen sie die Männer,
von diesen hat keiner einen Hänger,
gesucht: Der beste Mäusefänger!

Mit fetten Karren komm sie an,
denn nur mit Waffe ist's ein starker Mann
und die Maus sie lacht sodann.

Sie läuft ein bisschen hin und her,
die Killer schießen kreuz und quer.
Der Kampf, der scheint hier ziemlich fair.

Nach kurzer Zeit, das Zimmer rot.
Alle Menschen sind jetzt tot,
doch die Maus - war nie in Not.

Nach diesem Spaß läuft die Maus,
vergnügt zum Vordereingang raus.

Sogleich hinein ins Nachbarhaus.
Auf das es lustig wird …

(Und die Moral von der Geschicht,
der Zweck heiligt die Mittel nicht.)

1997

Der Grund des Lebens

Die Liebe ist des Lebens Herze,
viele Menschen wissen's nicht
und tragen sich mit Schmerze.

Und weil sie dies nicht sehn,
werden alle Die -
im Schmerz vergehn.

1997

Ein Schritt zu weit

Laut ergibt sich die Welt dem Leben,
des Menschen Wege, undurchschaubar.
Es regiert Oberflächlichkeit und Gier,
Geld - der Weg zum Glück.

Der Tod regiert mit fester Hand,
der Tod des Liebens und des Fühlens.
Jeder Mensch, nur graue Masse,
Rassenhass - der Weg zum Glück

Korruption in Wirtschaft, Politik.
Kein Gewissen plagt den Täter,
Handlung eiskalt ausgeführt,
Gleichgültigkeit - der Weg zum Glück

Die Menschheit geht den falschen Weg,
ins Elend und Verderben,
lange hält das keiner aus,
Suizid - der Weg zum Glück

1997

Lieber Bruder, Liebe Schwester!

Du sitzt zusammen mit der Familie.
Fragst dann deine Schwester Emilie.
„Na, wann musst du heut ins Bett?"
Und sie antwortet Dir ganz nett:
„Wenn das Laternenlicht erwacht,
werde ich ins Bett gebracht."
Sie ist neun Jahr alt, noch so klein.
Geist und Seele noch so rein.
Hey Schwester, gib fein Acht,
im dunklen Mantel der heutigen Nacht.
Denkst du so bei dir,
dabei wächst in dir die Gier.
Heut Nacht werd ich dich besuchen,
aber ohne Keks und Pfefferkuchen.
Denn der Vater meiner Triebe,
ist die Lust auf -
Geschwisterliebe.

1997

Das Ende der Welt

Die Welt, sie taucht im Schattenglanz.
Die Feen der Welt rufen zum letzten Tanz.
Milliarden Menschen werden sterben,
für keinen gibt's mehr was zu erben.
Tausende rennen um ihr Leben,
keiner will sich dem Tod ergeben.
Ich seh die Welt, sie zerfällt in Stücke,
durch des Menschen eigenen Geschicke.
Hunderte, die ich kenn, hör ich schrein,
kann nichts für sie tun, sie kämpfen allein.
Sie spüren genau, gleich ist es soweit,
sie sind selbst dran schuld, am Ende der Zeit.
„Ich will nicht sterben", hör ich dich rufen,
du wanderst hinunter zu des Todes Stufen.
Ich will dich erretten und ich hör dein Flehen,
ich reich dir die Hand, doch kann dich im Nebel
nicht sehn.
Jetzt bist du tot, auch mein Herz will nicht mehr
leben.
Im Kampf für das Leben habe ich alles gegeben.

Nun frag ich Dich, und red nicht Drumherum,
sag mir einfach:
Warum?

1997

Wahre Liebe?

Spürst Du Dein Herz, es bricht in zwei.
Die Schmerzen sind ihr einerlei.
Vor Stunden noch lagt ihr im Grün
und gabet euch den Trieben hin.
Gefickt bis zur Besinnungslosigkeit,
doch auch vorbei ist diese Zeit.
Nun fühlst Du Dich wie Scheiße.
Schmerz mal auf `ne andere Weiße.
Krankheit, Prügel, das sind Schmerzen,
doch diese gehen tief, sie gehn zum Herzen.
Du kotzt auf's Leben und es lassen,
Du willst nur eins - sie ewig hassen.
Du spuckst ihr Abscheu ins Gesicht,
Dein Wille ist, auch ihr Herz, es bricht.
Sie sagt: „Die Liebe ist vorbei!"
Doch das geht Dir am Arsch vorbei.
Jetzt bist Du Sklave Deiner Triebe,
Du willst sie ficken, auch ohne Liebe.

1997[2]

Meißen, 06.03.1998

Wir sitzen hier, trinken Cola
und Bier, *und bald kriechen wir hier durch diese
Tür.*
Und draußen zertreten wir einer Glatze die Nier.
Laufen fröhlich weiter,
am Schuh haben wir noch den Eiter,
wir sind die besten Fighter.
Wir suchen und finden,
einen stillen Platz zum trinken
und werden im Alkohol versinken.[3]

---

[3] Im Wechsel dichten - ein Schreibspiel von
Sebastian und Jens
Jens Böhme = Grundschrift
Sebastian Gottschall = kursiv

Sörnewitz, 19.08.1999 (Elberadweg)

Zufrieden sitz ich hier am Ufer,
es ist ein Platz - ein Guter.
Siehst du die Menschen, die Natur?
Von guten Plätzen keine Spur!
Ich weiß nicht was Du sehen willst,
wenn Du mir Deine Welt vorstellst?
Ich will dir zeigen
und das von weiten,
der Mensch ist eins mit der Natur.
Leider doch im Traume nur,
blind bist Du fürs wahre Streben,
nach Einsamkeit und Todessegen.
Deine Stimmung! Wahrlich tief.
An solch erhobener Rast,
fällt einem selten die Welt zur Last.
Gerade hier an diesem Ort,
schwimmt mir mein Glaube fort,
denn dies ist alles Trug und Schein …
Lass den Friede doch herein.
Vergessen sollst du jene Gedanken,
fest und sicher steh'n, nicht wanken.
Kein Wort und keine Tat mir Hoffnung macht,
die Kräfte schwinden nun ganz sacht,
verzweifeln werd ich …
… an der Welt?
Nicht nur Positives sie erhellt,

doch an solch anmutigem Orte,
solltest du öffnen die Pforte,
deines Herzens.
Sie ist geöffnet, doch voll von Schmerzen,
mit Traurigkeit in meiner Lunge
und Hass und Demut auf der Zunge.
Nun sag, was ist dein Gram?
In letzter Zeit erscheinst du mir sehr lahm.
Ist es das Weib, das dich verzehrt?
Ich weiß, dass sie mich sehr begehrt.
Doch dieser kranke Weltenlauf
hält jetzt unsre Liebe auf.
Auch ich, bin nicht befreit,
vom Gesellschaftsdruck, von Zeit zu Zeit.
Doch hier! Hier, will ich geistig streben,
reden und die Welt erleben.
Wie soll ich dieses alles tun?
Hier an diesem Platze ruhn?
Wenn mein Herze weint vor Schmerz?
Hölle, Hölle! Zahlst deine Zölle -
Himmelwärts.
Schau da! Mein Freund. Ein Beispiel ist der
Angler.
Er ist ruhig, frei und kein Gefangener.
Auch der Angler ist ein grausamer Dieb,
der anderen das Leben stiehlt.
Auch er ist wie der Rest der Welt,
von Eigennutz und Gier beseelt.

Mag sein, doch ist auch er ein armer Wicht,
wie wir, er zeigt jedoch dem Leben sein Gesicht.
Keine Angst vor der Gefahr: Dem Fang.
Oh Gott, jetzt wird's mir Angst und Bang!
Was besteht er für Gefahren?
Der Fisch stirbt mit Haut und Haaren,
während der Angler weiter lebt.
Der Fang, ist seine Entscheidung, die er sät.
Er fängt ihn oder er fängt ihn nicht,
so entscheide dich, gibt deinem Herze Licht.
Das funktioniert so nicht, denn überall ist
Dunkelheit.
Ich hoffe, in geraumer Zeit,
bin auch ich zum Glück bereit.
Nun, dann wird es Zeit,
endlich aufzustehen. So seien wir bereit,
in Zukunft positiv zu wirken.
Denn dem Dunklen woll'n wir nicht mehr
bürgen.
Mach's gut, beenden wir das Reden,
wir werden uns mal wiedersehen,
... sollte ich dann noch leben.[4]

---

[4] Im Wechsel dichten - ein Schreibspiel von
Sebastian und Jens
Jens Böhme = Grundschrift
Sebastian Gottschall = kursiv

Herr Meinhardt

Herr Meinhardt geht den Deinhard - holen
und plötzlich kuckt er ganz verstohlen,
achtet das ihn keiner sieht und sieht,
wie er den Deinhard aus der Flasche zieht.

Er zieht und zieht und rülpst dann laut,
so hat die Leber den Deinhardt nun verdaut
und das gleiche Spiel am nächsten Tag,
trinkt Deinhard, weil ihn sonst ja keiner mag,
- den Deinhard.

Zwei Jahre später im Krankenhaus,
holen die Ärzte ihm die Leber raus.
Sie ist verätzt mit Deinhard voll,
Herr Meinhardt findet's gar nicht toll,
denn ohne Leber, rülpst's sich schlecht,
die Beuerchen klingen nun wie'n Specht.

Die Ärzte mahnen Herrn Meinhardt: Trink nicht
mehr!
Herr Meinhardt denkt: Fällt mir nicht schwer.

Noch eine Flasche jetzt zum Schluss,
sonst fall ich in den Exitus.
So setzt er an, ein letztes Mal,
das Ergebnis erscheint – allen doch sehr fatal.

Doch Herr Meinhardt wollt nur Spaß haben - in seinem Leben
und wer Spaß haben will, muss auch Opfer geben!
So sterben noch die letzten Organe,
ersoffen in der Teufelsschikane.
Herr Meinhardt hat es nicht gelernt,
dass alles ist nicht nur ein Spiel,
manch einer will einfach nur zu viel.

So hat er heut kein Abendbrot,
denn das kleine Meinhardtlein

- ist tot.

Als mich einst die Liebe fand,
ward es froh, mein kleines Herze.
Als ich spürte, wie es sich wand,
gebar in mir der Schmerze.

Verlor ich dann das Gleichgewicht,
verzehrt von Hass und Liebe.
Offenbarte sich die eigene Sicht,
aus Küssen wurden Hiebe.

Der Baum, der steht in voller Blüte.
Glanz bedeckt, gibt sich der See.
Der Frühling treibt in großer Güte,
hinweg den weißen, kalten Schnee.

Viele Menschen gehen nun zum Strand.
Denn die Sonne scheint so heiß,
die Liebenden gehen Hand in Hand,
das ist des Sommers schöner Preis.

Der Herbst, der kommt mit Pinseln an.
Bunt färbt er die Natur.
Beim Drachen steigen, hat jedermann,
viel Spaß in Wald und Flur.

Ganz still und ruhig wird's im Winter.
Denn der Schnee mit seiner Pracht,
hat zur Freude vieler Kinder,
die Welt ins weiße Kleid gepackt.

So sind die Jahreszeiten wie das Leben.
Veränderlich und unbestimmt,
immer kann es Regen geben,
doch niemand sich die Freude nimmt.

Der Keim vom Reim

Ich reime hier ganz ungezwungen,
ein bisschen zwischen Marketing herum.
Tausend Wörter fall'n mir ein,
die Bau ich in mein Verslein rein.
Mit Stephan reim ich um die Wett,
als ob ich hier nichts zu tun hätt.
Wir schreiben 'nen Brief in Gruppenarbeit.
Ich forme die Wörter, so dass sie passen, in
meinen Reim.
Das macht Spaß, so muss es sein!
Scheiß auf Rechtschreibung und Grammatik,
das Ziel ist nur, der nächste …
Mit Reimen kriegt man keine Weiber,
aber es gibt recht viele Neider.
Nicht jeder kann mit Wörtern jonglieren,
und damit neue Verse kreieren.
Auch wenn's nicht jedem passt,
Stephan und ich reimen weiter, bis uns der
Hoden platzt!

Claude de Doxey[5]

---

[5] alias Sebastian Gottschall

Der letzte Versuch

1
Manchmal ist's als müsst ich weinen,
wenn ich an die Liebe denk,
denn sie hat mein Herz zerbrochen
und auch meine Seel' gekränkt.

2
Ich liebte sie von ganzen Herzen,
liebte sie mit Haut und Haar,
liebte an ihr alle Dinge,
die Liebe wuchs von Jahr zu Jahr.

3
Doch eines Tages im April,
sagte sie: Ich kann nicht mehr.
An diesem Tag zerbrach mein Herze
und die Welt, sie ward so leer.

4
Wenn ich jetzt so durch die Straßen geh
und seh die Liebenden sich zärtlich küssen,
dann sehn ich mich nach unsrer Zeit
und merk, dass wir was ändern müssen.

5

Ein Jahr lang haben wir uns nicht gesehen,
nach fünf Jahren, voll von Liebe.
Hab nichts mehr von dir gehört,
wär traurig, wenn es so bliebe.

6

Jetzt sitze ich im Café beim Tee
und überlege, wie ich's machen kann,
geh ich bei ihr zu Haus vorbei
oder ruf ich sie einfach an?

7

Ich sage mir: Hör zu mein Freund!
Zieh dir mal was Schönes an,
kauf ihr ein paar schöne Blumen
und geh dann schnell zur Straßenbahn.

8

An der Haltestelle wart ich aufgeregt
auf die Straßenbahn, die mich bringt zu ihr.
Nach Minuten stummer Fahrt,
steh ich endlich nun vor ihrer Tür.

9

All meinen Mut nehm ich zusammen,
ihr gegenüber nun zu stehen.
Mein Finger berührt sanft die Klingel,
schon hör ich Schritte zur Tür hin gehen.

10

Schweißgebadet frag ich mich,
was sag ich nur zu ihr?
Tausend Gedanken in meinem Kopf,
schon öffnet sich die Tür.

11

In freudiger Erwartung ihres Wesens,
halte ich den Blumenstrauß hin,
doch in selbigen Moment,
verliert das Ganze seinen Sinn.

12

Nicht sie ist's, die mir öffnen tut,
sondern ein Mann, der mir unbekannt.
Hingeworfen hab ich den Strauß
und bin einfach weggerannt.

13

Weinend lauf ich durch die Straßen,
enttäuscht, sie hat nen neuen Freund,
davon sich wieder zu vertragen,
habe ich wohl nur geträumt.

14

Ich gebe zu, die Reaktion war schlecht.
Vielleicht hätt ich nach ihr fragen soll'n?
Vielleicht war es auch nicht ihr Freund,
doch was kann ich jetzt noch woll'n?

15

Die verpasste Chance ist dahin,
doch bin ich leider selbst dran schuld.
Darüber weg, werde ich wohl kommen,
dafür braucht's nur etwas Geduld.

16

Manchmal ist's als müsst ich weinen,
wenn ich an die Liebe denk,
doch sie ist das Schönste auf der Welt,
wenn man sich erst mal wieder fängt.

Innerer Wert
by S.G.

Die Schönheit ist ein Element,
den Maßstab nur das Herze kennt,
wenn ein Herz zum andren rennt,
wird's durch das Element gelenkt.

Claude de Doxey[6]

Liebe

Nur die Liebe hat die Kraft,
die jedem Menschen glücklich macht.
Das hässlichste Wesen der Nacht,
wird durch sie zum Engel gemacht.
Wir weinten und haben gelacht,
da die Liebe uns zueinander gebracht.

Claude de Doxey[7]

---

[6] alias Sebastian Gottschall
[7] alias Sebastian Gottschall

Veränderung

Siehst Du den Nebel vorüber ziehn?
Er verändert die Dinge, kannst Du es sehn?
Du musst es sehn! Du musst ihn sehn!
Sonst wird der Nebel nimmer weiter ziehn.

Claude de Doxey[8]

Waschen

Du siehst total beschissen aus,
die Nas, der Mund, kein Augenschmaus.
Du suchst ein Mittel, das Dich heilt,
man nennt es Wasser in unsrer Zeit.

---

[8] alias Sebastian Gottschall

Hast Du etwas Reis für mich,
dann koch ich Dir Dein Leibgericht.
Mit 95 Teflonpfannen,
der Reis, der kann kein Feuer fangen.

Ich weiß, Du stehst total auf mich,
drum fick ich Dich, hier auf dem Tisch.
Zwischen Töpfen und den Pfannen,
Du wirst heut noch ein Kind empfangen.
Ich steck ihn Dir ganz tief hinein,
Du sagest, ich sei ein altes Schwein!
Doch Du schreist mich an nach mehr,
die Nachbarn holen die Feuerwehr.

-

Jauchzend rollt die Kugel nach vorn.
Ein Neuner ist dem Gegner im Auge ein Dorn.
Tausende jubelten den Bowlern zu
und die Pyramide fällt im Nu.
Dazu mit ein paar Glas Sekt,
wird die letzte Kraft geweckt!
Sie kämpfen bis zum Achselschweiß,
nur Jochen, der bowlt mal wieder Scheiß.

Siehst Du da am Horizont,
diese kleine Nebelfront?
Kannst Du auch die Blumen sehn,
die auf der großen Wiese stehn?
Spürst Du der Blumen welk,
wenn nichts den Nebel ferne hält.

Hörst Du nun die Menschen rufen:
Du sollst diese Tat versuchen.

-

Einsam, allein, traurig und verloren,
spitze ich die beiden Ohren,
um den leisesten Ton der Welt zu hören
und auch seine Kraft zu spüren.
Wenn ich die Töne höre, bin ich glücklich,
denn sie sagen: Ich liebe Dich!

Ein wunderbarer Schein,
das muss es sein.
Das wünsch ich Dir,
für Dein Leben hier.

Doch auch, wenn ich Sie nicht haben kann,
fang Du nicht zu trauern an.
Vieles gibt's, was Dich erfreut,
abgelenkt von den Schmerzen heut!

Auch wenn die Liebe heute schmerzt,
behalte Dir Dein offenes Herz.

Es gibt so viele, die Dich lieben,
Deinem Charme, ja glatt erliegen,
in ein paar Tagen mit etwas Glück,
findest Du Dein ideales Gegenstück.

Schwafelnd babeln alte Tanten
auf Girlanden.
Schlürfen mürben Griechenwein,
dürfen Gören nichts verzeihen.
Lecken kecken Bechereis
mit Tütenreis.
Ficken dicke Männerschwänze,
kicken Zicken wie ne Gemse.
Sterben werden Tanten auch,
Scherben erben Enkelsbrauch.

Damals `43 - Ein Einzelschicksal

Geschmacklos war es schon,
als ich `43 vor Moskau stand.
Die Welt begegnete mir mit Hohn,
trotzdem richtete ich mir mein Führerband.

Ein Blutbad sollte ich entfachen,
den Russen Zucht und Ordnung lehren.
Doch legte ich ab all meine Waffen,
wollte mich nun nicht mehr wehren.

Kalk bröselte von den Wänden in meinem Knast,
der ganze Krieg war mir so verhasst.
Schnell begriff ich, wo ich war,
Sibirien, das ist doch klar.

Erschlagen wurde hier die Gerechtigkeit,
finden, tut sich jeder Kampfbereit.
Silbergrau blitzt mir das Messer,
tot zu sein, das wär jetzt besser.

Langsam schneid ich mir die Kehl'
auf - das rettete meine Seel'.
Soll, wer will, die Welt regieren,
Hauptsach! Ich tu' nicht im Krieg krepieren.

Durchschnittliche Anzahl der Lebewesen in unserem Sonnensystem geteilt durch Größe unseres Sonnensystems ist gleich durchschnittliche Anzahl der Lebewesen des anderen Sonnensystems geteilt durch Größe des anderen Sonnensystems!

~~Das Herz~~

Die Liebe ist des Lebens Herze.
Viele Menschen wissen's nicht
und tragen sich mit Schmerze.

Doch weil sie das nicht sehn,
werden alle <u>die</u>,
im Schmerz vergehn.[9]

---

[9] Anmerkung des Herausgebers:
Gedichttitel war handschriftlich
durchgestrichen, wurde jedoch so
übernommen; ebenso der Unterstrich unter
„die"

Die Sehnsucht ist ein Elend,
der Trieb sich Liebe nennt.

Siehst

Du bist die Sonne, bist das Licht.
Bist ein Stern, nur weist es nicht.

Du bist das Leben, bist die Lust.
Nimmst jeden Menschen seinen Frust.
Du bist der wichtigste Mensch für mich,
für immer und für ewig - lieb ich Dich!

Nur ein Gedanke macht mich bedrückt,
Du kommst nicht mehr zurück.

Nur ein Gedanke macht mich krank,
Du kommst nicht zurück aus Ami-Land.

-

Wem man mit Frust' ne Sache tut, vielleicht
auch unter Zwang,
so scheint dem Mensch diese Zeit sehr lang.

-

Dein Herz, es ist wie tausend Sonnen,
Deine Augen wie das Meer so tief,
Du bereitest mir die größten Wonnen,
so dass ich lauthals Deinen Namen rief.

Um Dich zu finden in der Ferne!
Doch bist Du mir auch hier ganz nah,
denn Dich hab ich so gerne,
bist in meinem Herzen immer da.

Es gibt Dinge, die kann man nicht fassen!
Die zahlreichen Kämpfe und Kriege der Massen,
die skrupellose Befüllung der eigenen Taschen,
das Unrecht, das allerorts geschieht,
das Glück, dass man nicht sieht.

-

Michael, der ausgelassen lacht,
da Stephan sich über alles lustig macht.
Lars, der geht gern richtig kacken,
so hat jeder seine Macken.

-

Langsam rieseln die Sekunden,
den Zeitenweg entlang.
Die Minuten drehen Runden,
auf der höheren Zeitenbahn.
Und ganz oben sind die Stunden,
füllen den Tag mit viel Elan.

Zu sehen, wie die Gicht die Wellen krönt.
Zu hören, wie der Ruf der Nachtigall ertönt.
Das Gefühl der Ruhe, wenn im Grase ich liege
und mit den Wolken in den Himmel fliege.
Sand, der sich um meine Füße schließt,
Regen, der sich über mir ergießt.

-

Der Schlag geht fehl!
Ich geh Dir an die Kehl
und drücke kräftig zu
und du verlierst dabei Deinen Schuh
und wimmerst mit Sabber im Gesicht,
doch auch das versöhnt mich nicht.
Ich drücke einfach fester zu,
Du zappelst kurz, doch dann ist Ruh.

-

Ich seh Dich da am Tresen stehn,
jetzt kommst Du auf mich zu.
Meine Augen nur Dein Busen sehn,
mein Organ, das wächst im Nu.

Wir sind die Jungs aus'n Park
und wir sind so stark,
wenn wir uns gemeinsam durch die Stadt
bewegen,
um hier und da
ein Mädel flach zu legen.
Doch sehen wir' nen Typen,
da schrein wir auch Hurra,
da sind wir alle da,
um ihn paar aufs Auge zu drücken.

-

Erst bin ich irritiert, dekompinationalisiert,
arrangiert mit dem der Wieher.
Kuckalisationisiert, photografiert den Hirt,
Dipfinarinadl mit Pflaumenmarmelade.
Igromatnlisatoren gegen Aggressoren
und luranateilarsich gegen mich.
Trotzdem bleib alles beim Alten.[10]

---

[10] Anmerkung des Herausgebers:
experimenteller Text oder wahrlich nicht lesbar
zu transkribieren

Ich war damals so klein

Ich war damals so klein,
sagt meine Mutter,
dass sie darauf achten musste,
dass ich nicht von einer Murmel
überrollt werde.

Ich war damals so klein,
sagt mein Vater,
dass er darauf achten musste,
dass mich kein Vogel
plötzlich aufpickte.

Ich war damals so klein,
sagt mein Bruder,
dass er darauf achten musste,
dass es meinen Eltern gut geht,
damit ich größer werden konnte.

Es scheint, als habe man
viele Gefahren zu überstehen,
wenn man sich gerade
mit einer Samenzelle verschmolzen hat.

Du kotzt aufs Leben, willst es lassen,
Du willst nur eins - Sie ewig hassen.
Du spuckst Ihr Abscheu ins Gesicht,
Dein Wille ist auch - ihr Herz bricht.
Plötzlich merkst Du, Du bist der Wicht,
möchtest Sie aus Liebe nicht.

Sie sagt: Die Liebe ist vorbei!
Doch das ist Dir einerlei.
Jetzt bist Du Sklave Deiner Triebe,
Du willst Sie ficken - auch ohne Liebe.
Der Vater Deiner Triebe,
ist die Lust auf Körperliebe.

-

Das Wasser, das aus Mineral,
prickelt wie ein Wasserfall.
Die Milch, die aus Kakao gemacht,
weckt jedes Menschen innere Kraft.

Im Traume bekommt das Leben
einen völlig neuen Sinn.

Du bist das Licht in meinem Leben,
gibst mir Kraft und Wagemut,
lass mich nach Deiner Liebe streben,
nur mit ihr geht es mir gut.

Dein Wesen ist wie tausend Sonnen,
freundlich, hell und wunderschön -
du besitzest auch des Mondes Wonnen.

Deine Liebe zu erhalten,
ist meines Lebens größtes Glück.

-

Ich würd jetzt gern Uschis Muschi sehen,
doch ich bin zu weit entfernt.

Konferenzschaltung per Fernseher löst das
Problem.
In der Zwischenzeit hab ich mir ne Kirsche
entkernt.

In den heutigen Zeiten
zerbrechen die Persönlichkeiten
im Kampf der Eitelkeiten.

-

Schau nicht zurück,
es gibt kein Glück -
in der Vergangenheit.
Es färbt sich melancholisch,
in Schwarz, in Weiß,
ein Strudel der Zeit,
der alles mit sich reißt.
Ein Land der Vergangenheit
dringt in das der Gegenwart.
Keine Bewegung von damals
sich ins Heute begibt.
Größte Erinnerung -
das Leben.
Und jetzt?
Erinnerung.

Im Traum kann ich alles.

Ich kann machen, dass sich die Menschen
lieben.
Ich kann machen, dass Wasser rein wird.
Ich kann machen, dass die Wälder wieder
grünen.
Ich kann machen, dass es keine Kriege gibt.
Ich kann machen, dass es keinen Hunger gibt.
Ich kann machen, dass es keine Gewalt gibt.

fassen
hassen
Massen
lassen

fliegen
siegen
liegen
biegen

*

Ich kann es nicht fassen,
es tun sich die Massen,
abgrundtief hassen.
Sie sollten es lassen.

Ich bleibe hier liegen,
doch ich würde gern fliegen.
Ich kann es nicht biegen,
die Liebe muss siegen.[11]

---

[11] Anmerkung des Herausgebers:
wohl ein Experiment und eine Wortspielerei

SKODA - Ein Auto?

S K O D A

Sicheres
Kotzen
Ohne
Dauernden
Alkoholgenuss[12]

---

[12] Anmerkung des Herausgebers:
wohl eine Wortspielerei

Die Liebe kommt mir gerade recht

Die Liebe ist mein Elixier
gegen Dummheit, Hass und Gier.
Doch die Dummheit, Hass und Gier,
zerstören mir mein Elixier.

Das „Muss" der Arbeit

Aufgewacht durch lautes Bellen,
ist die kleine Bäuerin.
Um das Feld zu bestellen,
läuft sie nun zum Felde hin.

Langsam wachset dann das Korn,
gibt ihr reichlich viel zu ernten.
Mit der Erntemenge liegt sie vorn,
in der Stadt, in der entfernten.

Tag für Tag tut sie ihr Werk,
es schmerzt ihr schon der Rücken.
Mit der Ernte ist sie übern Berg,
auch will sie sich nun nicht mehr bücken.

Doch wenn sie mal kein Korn mehr bringt
und für nichts kein Geld bekommt.
Wie versorgt sie dann ihr Kind?
Ihre Einsicht kommt dann prompt.

Faszinierend diese Eile,
in der ich keinen Platz finde.
Die ich nur von außen beobachte.
Doch ich spüre die Unruhe,
spüre, das mich, was zieht,
das mich was treibt,
um Teil der Eile zu sein.

-

Es ist schwierig zu sehen, was um einen
geschieht,
wenn man vor Liebe das Leben nicht sieht.
Sie ändert die Sicht nach vorn und nach hinten,
lässt einen für Fried und Leid der anderen
erblinden.

Schau über den Rand der Liebe hinaus,
halte Ordnung in Deines Lebenshaus.
Achte auf Deine Freunde und wie es um sie
steht,
denn was bleibt Dir, wenn die Liebe einmal
geht?

Das Alter

Eng verschlungen in der Zeit,
fernab von jeder Wirklichkeit,
lebt ein Wesen, das verachtet
und der Menschheit nach dem Leben trachtet.
Doch keiner hat es je gesehen.
Trotz, dass wir hier um Gnade flehen.
Es lässt sich nicht mit Geld aufhalten,
auch Waffen haben hier nichts zu walten.
Ein jeder versucht es zu bekämpfen
doch seine Gnadenlosigkeit ist nicht zu
dämpfen.
Jeder steht ihm gegenüber,
kämpft und schließt die Augenlieder,
weil auch er den Kampf verloren,
niemand entkommt ihm ungeschoren.
Der Tod ist das, was es uns bringt,
das Leben in die Kurie zwingt.

let this cruel world die
put every people to death
before the insensitive tragedy
destroys us and me
it makes every day to a day
carry out of dead calm
this world was a still birth
fuck of this cold life
free from one an honour
go out to the empire of death
an live your life
eat the brain from your next
chew it good and spit it out
make it with everyone
and when everyone have sacrifice oneself
and all the people are dead but
Jeen still alive
that's the time, when you must die
kill yourself

*freie Übersetzung „let this cruel world die …" *

Lass diese grausame Welt sterben.
Lege alle Völker zu Tode,
bevor die unsensible Tragödie
uns und mich zerstört.
Es macht jeden Tag zu einem Tag.
getragen aus tödlicher Ruh.
Diese Welt war eine Totgeburt.
Verschwinde, du kaltes Leben!
Frei von jeglicher Ehre,
gehe in das Reich des Todes.
Ein Leben, Dein Leben.
Iss das Gehirn deines Nächsten,
kau es gründlich durch und spucke es aus.
Tue es jedem gleich
und wenn alle sich geopfert haben
und alle Menschen tot sind, außer -
Jeen, die noch am Leben ist,
dann ist die Zeit gekommen, wenn ihr du
sterben musst.
Töte dich![13]

---

[13] Anmerkung des Herausgebers:
englischer Text/handschriftliche Phrasen in
grober Übersetzung

Was ist's, was mich so bedrückt?
Wenn Du heute nicht bei mir bist.
Was ist's, was macht mich so verrückt?
Wenn Du mich einmal nicht küsst.

Ist es die Sehnsucht, welche ungedämpft,
entbrennt in meinem kleinen Herzen
und diese vielen kleinen Schmerzen
gegen welche ich nie angekämpft.

Du fügst mir diese Schmerzen zu,
stündlich, täglich, immerzu.
Doch mit diesen Schmerzen will ich leben,
dass sie mir das Eine geben.

Weswegen - diese Welt ist so schön,
in ihrer nur möchte ich vergehn,
in Deinen Augen dabei sehn,
Deine zarten Lippen spürn,
die weiche Haut berührn.

Heute fahren wir mit dem Schiff
und der Spaß ist riesig, denn ...
... die Sonne scheint durch die Wolken.

Wenn man doch nur die Möglichkeit hätte,
jemanden einzuladen.
Aber ich hab ja,
die liebsten Menschen der Welt dabei.
Sie reden, wie ihnen der Mund gewachsen ist.
Man, hat die Welt viele Münder,
die es alle zu stopfen gilt.
Alle werden sowieso nicht satt,
doch wir geben nicht auf.
Auf "Nicht" geben wir wenig,
aber alles lassen wir uns nicht aus der Hand
nehmen.
Wir sind die Söhne der Revolution
und das allein ist Verpflichtung genug.
Jeder Tag ist ein neuer Anfang
und dies Motto lässt mich Übel vergessen
und dies Zukunftsglück an mich heran;
doch bei weitem nicht vergessen,
dass alle diesen Kampf um Glückseligkeit
bestreiten.
Ich werde nie vergessen,
zu essen?
Nein, ich komme aus Sachsen, nicht aus Hessen.

So kämpf ich hier in dieser Nacht
verbittert mit der Willenskraft,
dass ich nicht trink das Bier hier aus
und ich lauf betrunken raus,
aus der Kneipe meines Wirtes,
eines wahrhaft schönen Ortes.
Doch die Pflicht ruft ins Gewissen,
das nächste Glas nicht leeren zu müssen.
Und der Weg führt meine Beine,
es sei der Richtige, so's mir scheine,
raus aus des Wirtes Wiege.
Bevor die Stufe - zu spät, ich liege.
Ich muss hier raus aus diesem Sumpf,
der Alkohol macht Menschen dumpf.
Denn wo einst meine Leber war,
ist heute eine Minibar.
Ich krieche raus aus meiner Kneipe,
und weiß doch auch, dass ich hier immer bleibe.

Denn nur ein Gast mit größerem Herzen,
kann mich befreien, von des Durstes Schmerzen,
welche liegen, schwer im Magen
und wieder hört ich jemanden sagen:
Lasst uns heben die nächste Runde,
schon fließt der Alk in die offene Wunde.
Und beim ersten Schlucke merk ich gleich,
meine Knie werden weich,
dann beim zweiten ist's soweit,

ich bin wieder völlig breit.
Ich weiß, es endet heute wie immer,
ich schlafe in der Gosse mit großem
Gewimmer.[14]

---

[14] Im Wechsel dichten - ein Schreibspiel von
Sebastian und einem Unbekannten
Sebastian Gottschall = kursiv
Unbekannter = Grundschrift

Manchmal

Besoffen steh ich in der Disco.
Um mich herum dreht sich die Welt.
Hoffentlich gibt's kein Fiasko,
wenn mein Magen s'Essen nicht hält.

Ich tänzel ein bisschen zum Takt der Musik.
Ich torkel hierhin, torkel dahin.
„Egal - eigentlich - als ich mal hinflieg."
Mein Gequatsche hat schon längst keinen Sinn.

Manchmal geh ich in die Disco und sauf mich zu,
wenn mir ein Problem lässt keine Ruh.
Manchmal auch, um locker zu werden
und um zu stehlen mehr der Pferden.
Um Mädchen leichter anzuquatschen,
ohne mir darüber das Gehirn zu zermatschen.
Denn wenn ich voll unter Alkohol steh,
tun die Körbe nicht ganz so weh.
Und gelingt's mir, und ich schleppe eine ab,
mach ich mit ihr rum und dass nicht zu knapp.
Denk ich mir am nächsten Morgen: Oh Fuck,
das Mädel ist überhaupt nicht dein Geschmack!
Dann kuck ich ganz betroffen
und sag: Hau ab, ich war besoffen.

~~Manchmal ist es einfach~~

Wenn Du wüsstest wie es ist, zu leiden ohne
Wiederkehr.
Jede Faser Deines Körpers schmerzverzerrt und
tonnenschwer.
Kein Willen mehr jetzt aufzustehen,
einfach den Weg zu Ende gehen.
Die Seele ausgebrannt und leer,
keine Sehnsucht nach dem Meer.
Kein Sinn im Kampfe mehr zu sehen,
um ein schnelles Ende flehen.
So wird einst kommen dieser Tag,
an dem man einfach nicht mehr mag.
Man geht dann diesen einen Schritt
und somit gibt es kein Zurück
und Du siehst so klein waren deine Sorgen,
doch für Dich, da gibt's kein Morgen
und von der anderen Seite schaust Du Dir dann,
dieses wunderbare Leben an.
Eine Welt, die Dir einst hat so gefallen,
tust wütend Deine Hände ballen,
sie hatte noch so viel Liebe Dir zu geben,
Glaube, Hoffnung und ein schönes Leben.[15]

---

[15] Anmerkung des Herausgebers:
Gedichttitel war handschriftlich
durchgestrichen, wurde jedoch so übernommen

Es schien ein Tag wie jeder andere zu werden,
als mich ein warmer Sonnenstrahl weckte
und mich einlud, den Tag mit ihm zu beginnen.

Ich öffnete das Fenster meines Zimmers
und atmete tief die Luft des erwachten Lebens,
welche sanft meine Nase umspielte.

Nach ein paar erfrischenden Atemzügen
begab ich mich in die Küche meines Apartments
und machte mir ein wohl-kuschlig-duftenden
Kaffee.

Während meine Kaffeemaschine ihr Werk
verrichtet,
zog ich mich an, um beim Bäcker im
Nachbarhaus
einen kleinen Frühstücksschmaus zu besorgen.

Der Blick aus dem Fenster am Morgen
hatte mein Herz nicht zu viel versprochen.
Es war ein herrlicher Tag und das Leben
freundlich.

Den Menschen denen ich begegnete, lächelte
ich glücklich zu,
so wie es auch sie mir gleich taten. Betört vom
Leben!

„Gibt es etwas Schöneres?" Fragte mich der Spatz.

Was bringt schon der Glaube?

Glaubst Du, wenn Du sagst, die Welt solle sich
ändern,
ändert sie sich?
Glaubst Du, wenn Du ein Mädchen liebst,
liebt sie Dich?
Glaubst Du, wenn Du sagst ich sei blöd,
stört es mich?
Glaubst Du, wenn Du sagst, die Politik bringt
nichts,
ändert sie sich.
Glaubst Du, wenn Du Deine Mutter verstößt,
liebt sie Dich?
Glaubst Du, wenn Du stirbst,
stört es mich?
Glaubst Du, dass Dein Glaube Dir hilft -
dann ändert sie sich,
dann liebt sie Dich
und dann stört es mich?

05.06.2004

Vivien

Vor ein paar Jahren reimten wir mit
Leidenschaft.
Ob es die Mutter schafft, ob es die Mutter
schafft?
Jetzt rufen wir mit aller Kraft:
Er hat's geschafft, sie hat's geschafft.

05.06.2004

Zum 5. Tag im Juni anno 2004,
erheben wir unser bestes Bier
und stoßen an auf euch Drei,
der Reim ist uns jetzt einerlei.
Hauptsache, wir machen deutlich,
Stephen und Sebastian freu'n sich.

Manchmal ist's als stünde das ganze Leben
gegen dich.
Geliebte Menschen gehen, weshalb, das weiß
man nicht?
Die Welt, sie liegt im Dunkel, Trauer macht sich
breit,
den Tränen, die so salzig sind, folgt die
Einsamkeit.

Und ist die Nacht am dunkelsten, dann möcht
ich, dass Du weißt,
dass hier jemand ist, der fühlt, was wahre
Freundschaft heißt.

Quälend kriechen sie dahin.
Minuten in der Bahn,
Minuten ohne Sinn!
Wird man von Eile angetrieben
und ist von Ohnmacht wie gelähmt,
ist's als ob die Zeit fast gähnt.

-

So weiß jeder hier auf Erden,
zum Glück gehört das Eltern werden.

-

Hilft er nicht auf vielen Wegen, der
lobgepriesene Kindersegen?
Ein Kind aus Liebe ward gezeugt, der Einsamkeit
so vorgebeugt!

Wir werden die Größten sein!
Nichts gibt's auf der Welt,
was uns noch hält.
Kein Berg so hoch, wie's Himmelszelt,
kein Meer so tief ins Erdreich fällt,
kein Mensch, kein Krieg und keine Waffen,
keine Macht wird es je schaffen,
dass wir uns irgend trennen lassen.
Vorbei an allen Gönnerkassen,
denn nicht des Geldes Willen lieb ich Dich.
Was Du kannst, kann die Mamma nicht.
Du bist das Größte hier für mich,
mein Töchterchen: Ich liebe Dich!
Bald werden wir die Größten sein,
tauchen in alle Köpfe ein,
man wird sich sagen insgeheim:
Die lassen sich niemals allein!
Mit Dir an meiner Seite,
bin zu allem ich bereit.
Ist der Weg auch noch so weit,
bin für Dich da zu jeder Zeit.

Hörst Du was? Noch ist's ruhig in Deinem Heim.
Doch nicht mehr lang wird das so sein …
Auf der Waage erkennst Du's schon,
ein süßes Mädel, ein lieber Sohn,
wird bald Deine Welt verändern.
Unzählige Nächte hält es Dich wach,
verlangt alles von Dir und macht Dich schwach.
Doch Du erträgst die üblen Kindestriebe,
denn dafür schenkt es Dir bedingungslose Liebe.

Heut ist Dein letzter Tag an Deinem Platz,
verlässt uns für einen größeren Schatz.
Schon viel hast Du gehört von unsren Müttern,
übers Heilen, Pflegen, Sorgen, Füttern.
Von ganzen Herzen wünschen wir,
eine schöne Zeit, dem Mario und Dir.
Kraft und Liebe in allen Stunden,
das alle Hindernisse überwunden
und eure Familie glücklich wird
und kein Kummer sich hineinverirrt,
denn nur Kinder können Dir geben,
das größte Glück der Welt zu erleben.[16]

---

[16] gewidmet einer Kollegin

04.01.2007

Wer die Erklärung dieser Worte findet, wird den Tod nicht schmecken. Der Suchende soll nicht aufhören zu suchen, bis er findet. Und wenn er findet, wird er in Erschütterung geraten; und wenn er erschüttert ist, wird er in Verwunderung geraten und er wird König über das All werden.

-

04.01.2007

Es begann mit einem Wort und endete mit dem Tod.
Es begann mit einem Wort und endete mit dem Leben.

04.01.2007

A: Spürst Du mich?
B: Ich spüre nichts!
A: Dann muss ich das Messer tiefer in Dein Herz bohren.
B: Auch dann werde ich nichts spüren.
A: Ich will Dich sterben sehen.
B: Ich bin bereits tot.
A: Aber das Blut rinnt aus Deinem Körper, wie kannst Du da denn tot sein?
B: Mein Herz braucht kein Blut, denn es schlägt nicht.
A: Und doch stehst Du vor mir, wie ein Lebender.
B: Doch ich starb, an dem Tag, an dem SIE mich verlies.

-

04.01.2007

Zu leben mit der Gewissheit, dass man stirbt.

Anderes Wort für Menschen mit Herz: Männer!

02/2007

Zarte Bande knüpft das Leben,
welches ihr der Welt gegeben.
Schmiegt sich sanft in eure Arme
... ist schon eine kleine Dame.
Ihr Leben liegt in euren Händen,
verlangt, viel Liebe ihr zu spenden.
Wir wünschen euch Drei'n ne schönte Zeit,
viel Gesundheit, Liebe und Glückseligkeit!

02/2007

Was ihr jetzt dürft erleben,
hat es schon immer auf der Welt gegeben.
Doch das ist's nun nicht, was für euch zählt,
denn nunmehr ist er, eure ganze Welt.
Wenn ihr ihn in den Armen haltet, diese Tage,
dann stellt euch diese eine Frage:
Wie können wir beide dieses schaffen,
unserm Kind, die Welt zum Paradiese machen.

Es ist Liebe

Deine himmelblauen Augen
leuchten in der klaren Nacht.
Taten mir die Sinne rauben,
mich um den Verstand gebracht.

Deine sanften Lippen weich,
betörten meine Seele.
Dieses Rot, der Rose gleich,
verschnürten mir die Kehle.

Deine zarte Haut wie Seide,
mich verrückt macht immer zu.
Nah bei Dir an Deiner Seite,
find ich einfach keine Ruh.

Deine Augen will ich sehen,
Deine Lippen zärtlich spüren.
Auf Deiner Haut möchte ich vergehen,
für immer möcht ich zu Dir gehören.

Wahre Werte

Tief in grau getaucht sind Emotionen,
Liebe wurde abgeschafft,
auch das Streben haben wir verloren,
nach der übergroßen Macht.

Zufrieden mit den kleinen Dingen,
ist das Wahre nicht gewünscht,
tut der Glaube mit dem Wissen ringen,
alles grau in grau getüncht.

So spüre ich, was mir geschieht,
blüht in mir der Wille auf,
aus der Stellung meines Lebens,
streben nach der Weltenmacht.

Wie's manchmal so läuft

Ich sitze im Zug ganz unmotiviert
und träume davon endlich ans Ziel zu gelangen.
Während die Umwelt vorbei defiliert,
spür ich, in meinem Sitz gefangen,
wie das starke Eisenross stetig langsamer wird.
Der Bahnhof öffnet seine Pforten,
er weiß nicht, dass er nicht zu mir gehört.
Ich will an anderer Orte-Bahnhöfe sein.
Und als mein Blick so abschweife, ins Freie,
seh ich, dass bezauberndste Gesicht des Tages.
Sie stieg nicht ein, die Chance vorbei,
mein Herz, es bleibt ein karges.

Als ich am Tag, der darauf folgte,
als Gast auf einer Fete geladen war
und ich bierseelich durch die Räume wankte,
den wirren Blick mal hier - mal da,
sah ich ihr Gesicht von kaltem Winterblick.
Die Haare schwarz, die Augen schön
und bei mir wurde gleich alles weich.
Die da, die hatte ich am Bahnsteig stehen sehn,
dieses unverhoffte Glück lies mich erschauern.
Ich, durch alle Leute durch, um sie
anzusprechen,
doch vor ihr begann mein Mund zu mauern

und statt einem Wortschwall begann ich
loszubrechen.
Peinlich berührt, rannte ich aufs Klo,
würd mir gern die Haare raufen,
Absolution bekam ich nirgendwo,
muss einfach weniger saufen.

26.12.2008

Vernichte den Alkohol,
bevor er Dich vernichtet!

03/2009

Was gibt es da Zweifel zu hegen?

Die gilt es nieder zu legen.

Ich bin nun ein anderer,
ein Wanderer,
von dem, der ich vorher war,
zu einem, der gar wunderbar,
in seinem Wesen, seinem Tun,
auf dem so viele Lasten ruhn,
einem, der niemals zagt,
über alle Ufer ragt,
mit Sinn für das, was angezeigt,
bei der holden Weiblichkeit.

Mallorca 03.06.2009

Heute noch und morgen Rückreise ...

Hinflug. Ok, während des Urlaubes stürzte ein Flugzeug von Rio nach Paris ab. 228 Tote. Bei Air France wird die Bordverpflegung entsprechend der französischen Lebensart gereicht. Feine Geschichte: In der einen Hand ein Baguette, in der anderen Rotwein, zwischen den Zähnen Camembert und im Sturzflug in den Atlantik; zerschellt im erfrischenden Nass.
(PS. unangebrachter weiße ein Witz: Warum sitzen Musiker im Flugzeug immer ganz vorn? Da kommt, wenn das Flugzeug abstürzt wenigstens nochmal der Getränkewagen vorbei.)
Aber der Absturz führt uns einmal vor Augen: So schnell kann alles vorbei sein. 1987 ging ich die Martin-Luther-Straße entlang und etwa 30 Meter vor mir fiel ein Dachziegel vom Haus. Das hätte es auch für mich gewesen sein können! Oder die unzähligen Male, die ich Schulmassakern entkommen bin, weil ich woanders war bzw. die Schule schon lange nicht mehr besuchte. Bevor es also vorbei ist, möchte ich mal „Danke" sagen.

Danke für dieses Leben.

Nachdem der gemeine spanische Europcar-Angestellte uns einen, zugegebener Maßen für Touristen protzigen, VW Tiguan überlies, glaubten wir an die Großzügigkeit dieses Menschen. Doch als das rechte Vorderrad mehr und mehr Luft entweichen lies, was sich bis zum ausgemachten Platten ausließ, stellten wir fest, dass Hinterlist des Angestellten Triebfeder war. Die Reparatur dieses Reifens obliegt nämlich dem Mieter des Fahrzeugs.

Nicht zuletzt enttäuschte das mallorquinische Wetter an diesem Tag, da es regnete und kein Sonnenstrahl durch die Bewölkung drang. Doch dann wendete sich das Blatt. In Rigos Werkstatt bekamen wir den schlappen Schlappen für schlanke 20-EUROS repariert. Und seitdem prasselt die „Caprisonne" auf meinen Pelz. (Pelz ist hier nur bildlich angewandt, nicht das sich übermotivierte PETA-Aktivisten auf den Weg hierher machen und Eier werfen wollen.) Mit Pelz am Strand wäre wirklich dekadent. Gerade als ich diese Zeilen schreibe, liege ich am Strand und wenige Meter vor mir schweppert das Meer ans Ufer - oder an Menschen.

Es scheint gute Sitte unter weitgereister Lebensstilelite zu sein, sich in die Brandung zu setzen und sich von den Wellen umspülen zu lassen. Ich hingegen hasse es. Wenn die Wellen gegen meinen Bauch klatschen, spritzt es so dermaßen hoch, das mich immer Tropfen auf meinem aufgeheizten Gesicht treffen.

Kalte Nadelstiche.

Jeder Gram ist eine Chance.
Jede Chance ist ein Ziel.
Jedes Ziel ist ein Sieg.
Jeder Sieg ist ein Leben.
Jedes Leben ist ein Gram.

-

Die Liebe ist ein seltsam Tier,
es springt von mir zu Dir, zu ihr.
Einhalt bietet nur die Konvention,
weder Hautfarbe noch Religion.

Berlin, 28. September 2010

ADEBAR

Weltzeituhr, am Alex wird's frisch,
wir stromern rüber zu
„Mutter Hoppes" Tisch.
Nachdem dort ein Bierchen ist geflossen,
haben wir das Wiedersehen begossen.

Am Park Inn vorbei zur nächsten Kneipe,
mit einem Fußbier zeigt sich Berlin
von seiner schönsten Seite.

Adé-Bar,
das Universum blinkt,
nahm Freundschaft heut gewahr.
Berlin - hier treffen sich Millionen,
doch egal wieviel hier wohnen,
wichtig ist der eine nur,
in meinem Herzen eine Spur,
die Liebe hinterlässt.

Sei es drum! ... Der Rest:
Der Rest der Welt ist nicht so wichtig,
denn wahre Liebe blüht so richtig,
egal wie viele Bier's auch fließen,
egal wieviel auch feiern auf der Wies'n,

in dem Moment, wo man erkennt,
da ist ein Freund und egal was ist,
egal - wie allein Du bist,
es ist ein Freund in dieser Stadt,
der Dich in seinem Herzen hat.

Auch ist der Freund ganz oft allein,
in dieser großen Stadt,
nicht minder er den gleichen Gedanken hat.
Ist er allein, dann schaut er zurück,
ist froh - in Gedanken -,
die Erinnerung ihn sehr entzückt.
...
Der Gedanke an den Freund
Ihn ebenso beglückt.
...
Jens Du bist verrückt[17]

---

[17] Im Wechsel dichten - ein Schreibspiel von
Sebastian und Jens
Jens Böhme = Grundschrift
Sebastian Gottschall = kursiv

05.05.2014

So mag es sein, wie es ist.
Da hilft auch keine schlaue List.
Kein zedern oder lamentieren,
kein betteln gar auf allen Vieren.
Der Spatz singt es herab vom Dache,
diese eine klare Sache.
Für das Leben soll man werben,
denn wir leben, bis wir sterben.

Ein Zirbit froh vom Baum her zirpt,
es drosselt die Amsel auf dem Ast.
Frohgemut wird hier gewirkt,
damit der Klang zur Jahreszeit passt.

Die Sonne zeigt wieder länger ihr Gesicht,
Wärme durchdringt die Leiber.
Der Winter ist nun entwischt,
doch hinterlässt er keine Neider.

Die Blüten öffnen ihre zarten Knospen,
die bunten Wiesen sind ein Segen,
dieses Glück wird niemanden was kosten,
nur den Mann aus Schnee das Leben.

Frühling ist's in meinem Revier,
da gibt es kein Entrinnen,
da freut sich Pflanze, Mensch und Tier
und alle tanzen wie von Sinnen.

Essen, 01.07.2014

Ich sitze unter meinem Baum
und träume diesen einen Traum.
Von einem Leben voller Licht,
doch wie ich sehe, gibts das nicht.

Was soll man machen ohne Träume?
Bringt's was, wenn ich wütend schäume?
Ändere ich meine große Welt,
wenn ich so tu, das alles mir gefällt?

Hab ich die Kraft zum Handeln?
Kann Böses ich zum Guten wandeln?
Kann ich siegen gegen diese Finsternis?
Rum und Ehre wären mir gewiss.

Doch ich sitze unter meinem Baum
und träume diesen, meinen Traum.
Das mich das alles nicht berührt,
das ein anderer mein Leben weiterführt.

Es ist schwierig zu sehen, was um einen
geschieht.
Wann man vor Liebe das Leben nicht sieht.
Sie ändert die Sicht nach vorn und nach hinten.
Lässt einen für Freud und Leid der anderen
erblinden.

Schau über den Rand der Liebe hinaus,
halte Ordnung in deinem Lebens-Haus.
Achte auf Freunde und wie es um sie steht,
denn was bleibt Dir, wen die Liebe geht?

In meinem kleinen Garten,
da steht ein großer Baum,
unter seinem grünen Dache,
träumte ich so manchen Traum.

04.04.2011

Es kann, in manchen Situationen,
in denen Geister darin wohnen,
passieren, dass etwas geschieht,
dass einen ganz und gar nicht liegt.

-

09/2015

Manchmal drehe ich mich um
und schaue stumm, um zu prüfen,
ob es etwas gibt auf meinem Weg,
das ich übersehen habe.
Das ich nicht zu ändern wagte,
aus Frucht vor dem was dann entstünde.
Es könnte ein besseres Leben sein,
der Weg zum Glück für mich allein.

Der Wolken dunkles Nachtgebälk,
zieht über mir herüber,
bekämpf ich auch die Schattenwelt,
kommt sie doch - immer wieder.

Im Laufe der Zeit
ging es bergab.
Jetzt ist es soweit,
jetzt wird's langsam knapp.

Weitere Publikationen von Jens Böhme:

Der Tausendfüßler (Roman)

Wenn ein Tausendfüßler statt zu laufen immer öfter daran denkt, ja nur nicht seine Füße zu verhakeln, dann wird er garantiert straucheln. Wenn ein junger, talentierter Schriftsteller sich ständig Sorgen darüber macht, ob ihm im Gespräch die richtigen Worte, Gesten und Reaktionen einfallen, dann wird er mit der Zeit seine Sprache und womöglich auch seine Inspiration verlieren. Genau so ergeht es Conrad Wipp: Er fühlt sich zunehmend als Versager, denkt viel zu viel über die Dinge des Lebens nach, anstatt sie einfach geschehen zu lassen; und deshalb versagt er in bestimmten Situationen tatsächlich. Erst eine ordentliche Kopfwäsche, die Liebe in ihrer überraschenden Gestalt von Miria der Buchhändlerin und einige unheimliche Begebenheiten schubsen ihn wieder auf den rechten Weg ... und er muss sich beweisen. Nicht nur im Alltag, sondern auch in der Liebe.

ISBN: 978-3-86805-384-5

Am Neubaugebiet ist ein Park (Theaterstück)

Theaterstück in zwei Akten - Am Schauplatz begegnen sich Gewinner und Verlierer. Hier treffen die unterschiedlichsten Menschen aufeinander, die sich verlieben, die sich streiten und oft dieselbe Frage stellen: Was wird mir die Zukunft bringen?

Zukunftsangst, Arbeitslosigkeit, Beziehung und Liebe sind die Themen der vorwiegend jungen Leute in diesem Stück, welches 1999 verfasst wurde und bis 2017 in einer digitalen Schublade schlummerte.

(1. Akt - Auszug)
Peter: (nippt am Whiskey) Da sitzen wir nun hier auf dieser abgewrackten Parkbank und schütten uns diesen billigen Whiskey hinter die Binde. Und warum, frag ich dich? Warum nur?
Dirk: Ich weiß nicht? Vielleicht, weil du heute deinen 50-Markschein verloren hast?
Peter: Ach, scheiß auf die 50 Mark! Nicht wegen der 50 Mark. Da gibt es noch etwas Wertvolleres.
Dirk: Was?
Peter: Die Frauen! Ja wegen der Frauen sitzen wir hier und saufen. Ich sage dir, alles nur wegen der Frauen...
Dirk: Das musst du mir jetzt erklären.

ISBN: 978-3-74486-874-7